This Book

Belongs To : ------------------------

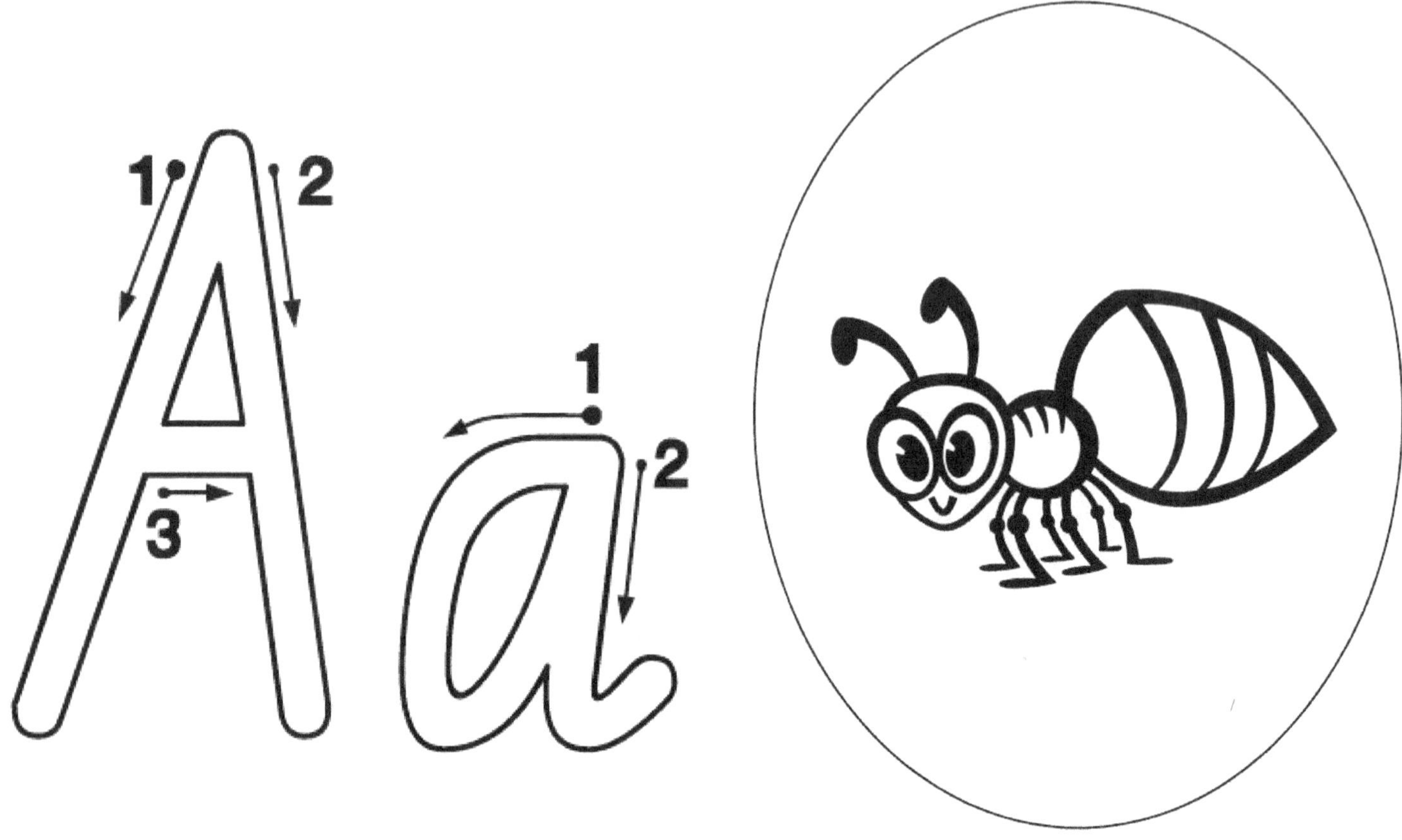

Ant Ant Ant

A B C D E F G H I J K L M N O P Q R S T U V W X Y Z

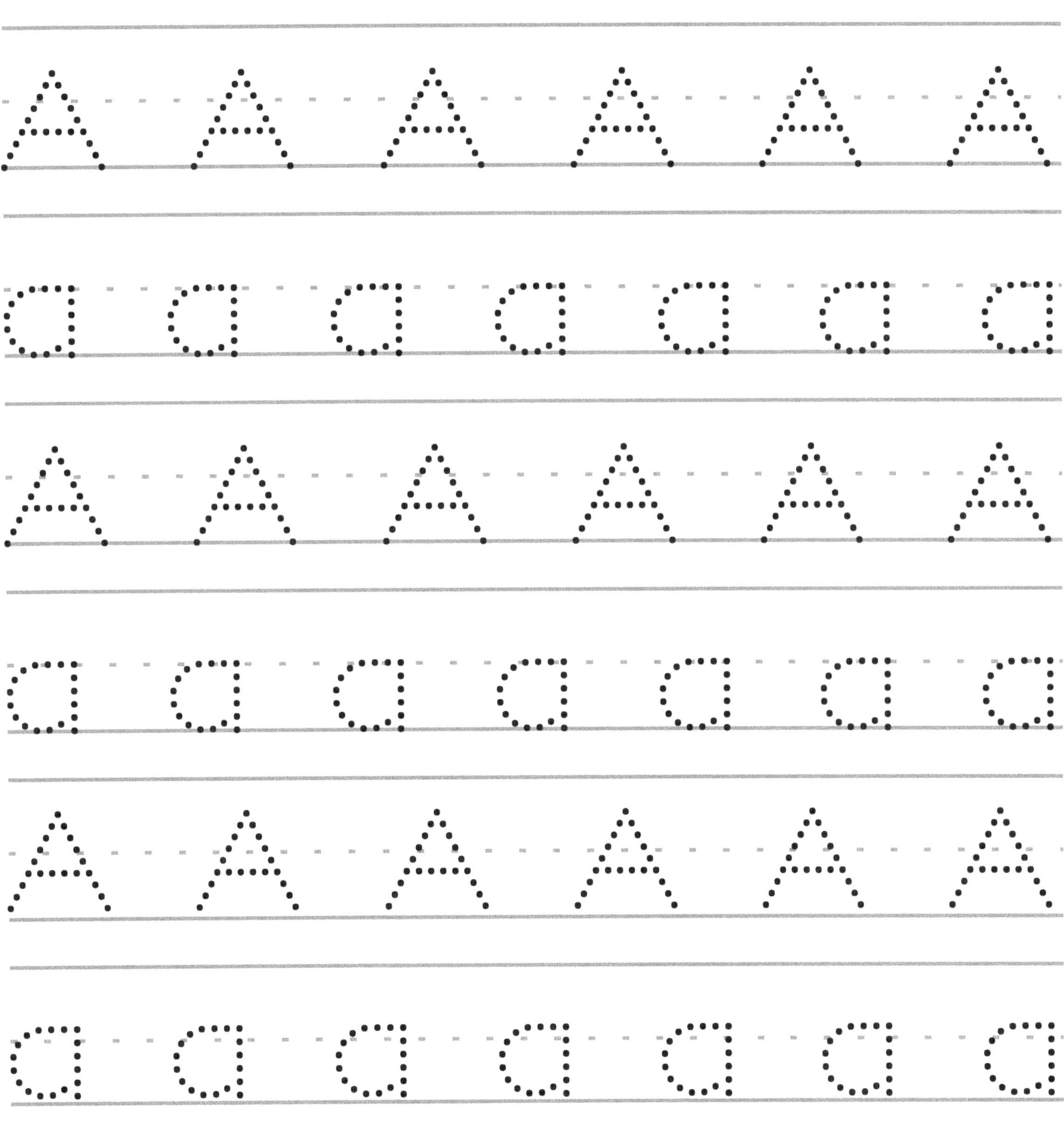

A B C D E F G H I J K L M N O P Q R S T U V W X Y Z

Bear

Bear   Bear   Bear

B   B   B   B   B   B

b   b   b   b   b   b

A B C D E F G H I J K L M N O P Q R S T U V W X Y Z

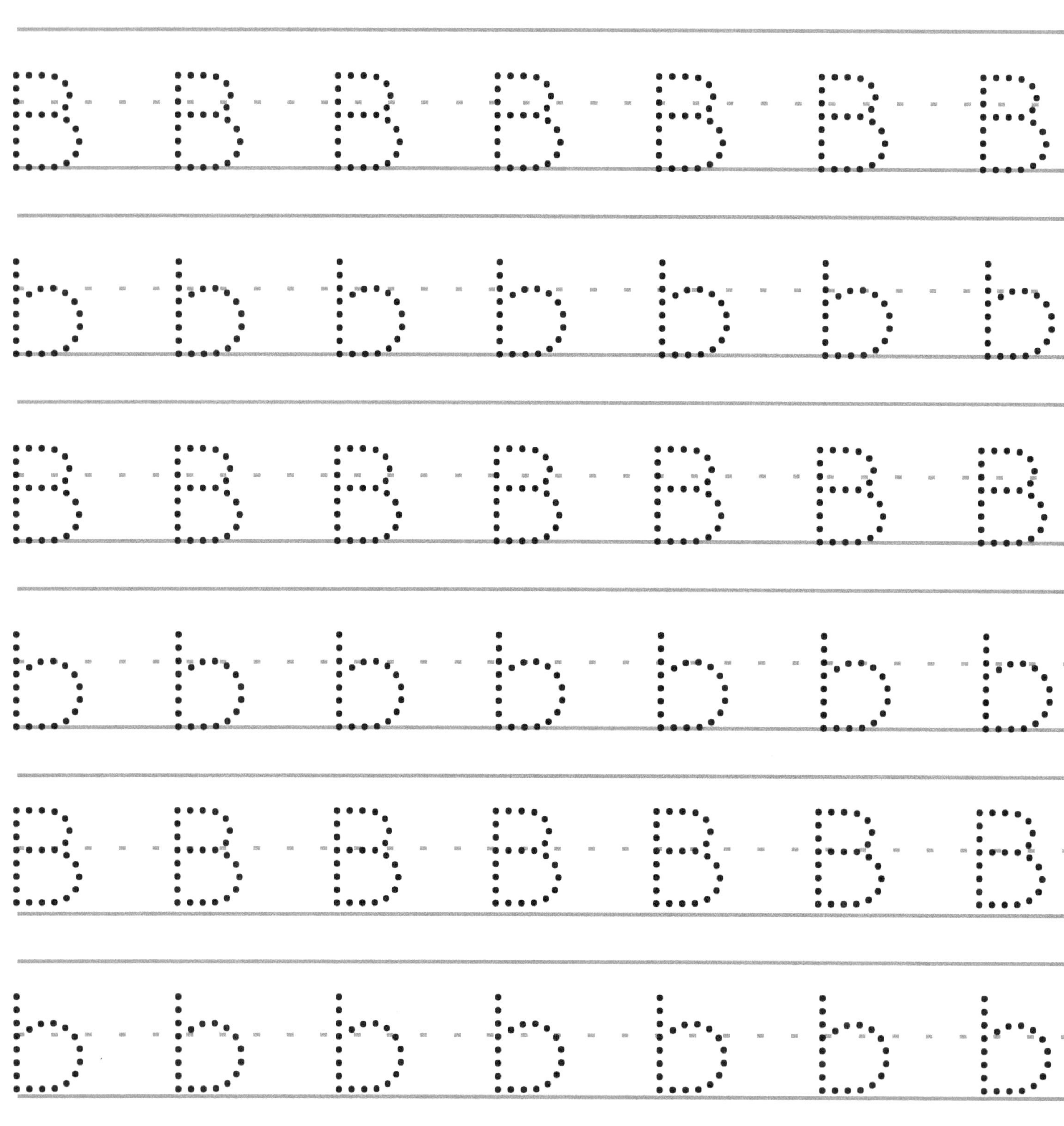

A B C D E F G H I J K L M N O P Q R S T U V W X Y Z

Cat   Cat   Cat

A B © D E F G H I J K L M N O P Q R S T U V W X Y Z

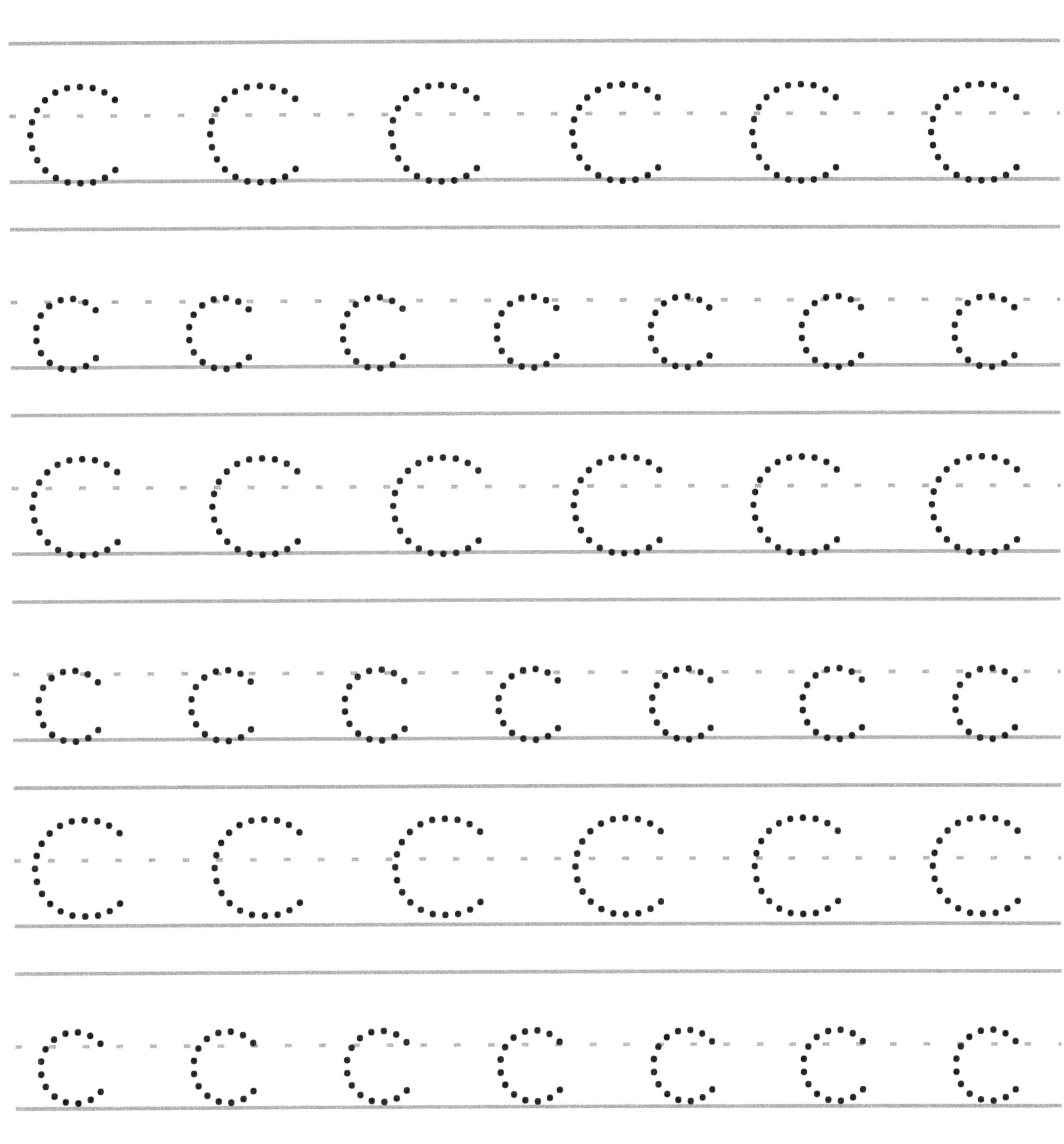

A B C D E F G H I J K L M N O P Q R S T U V W X Y Z

Deer

Deer Deer

D D D D D D D

d d d d d d d

A B C D E F G H I J K L M N O P Q R S T U V W X Y Z

E e

Elephant Elephant

E E E E E E E E

e e e e e e e

A B C D E F G H I J K L M N O P Q R S T U V W X Y Z

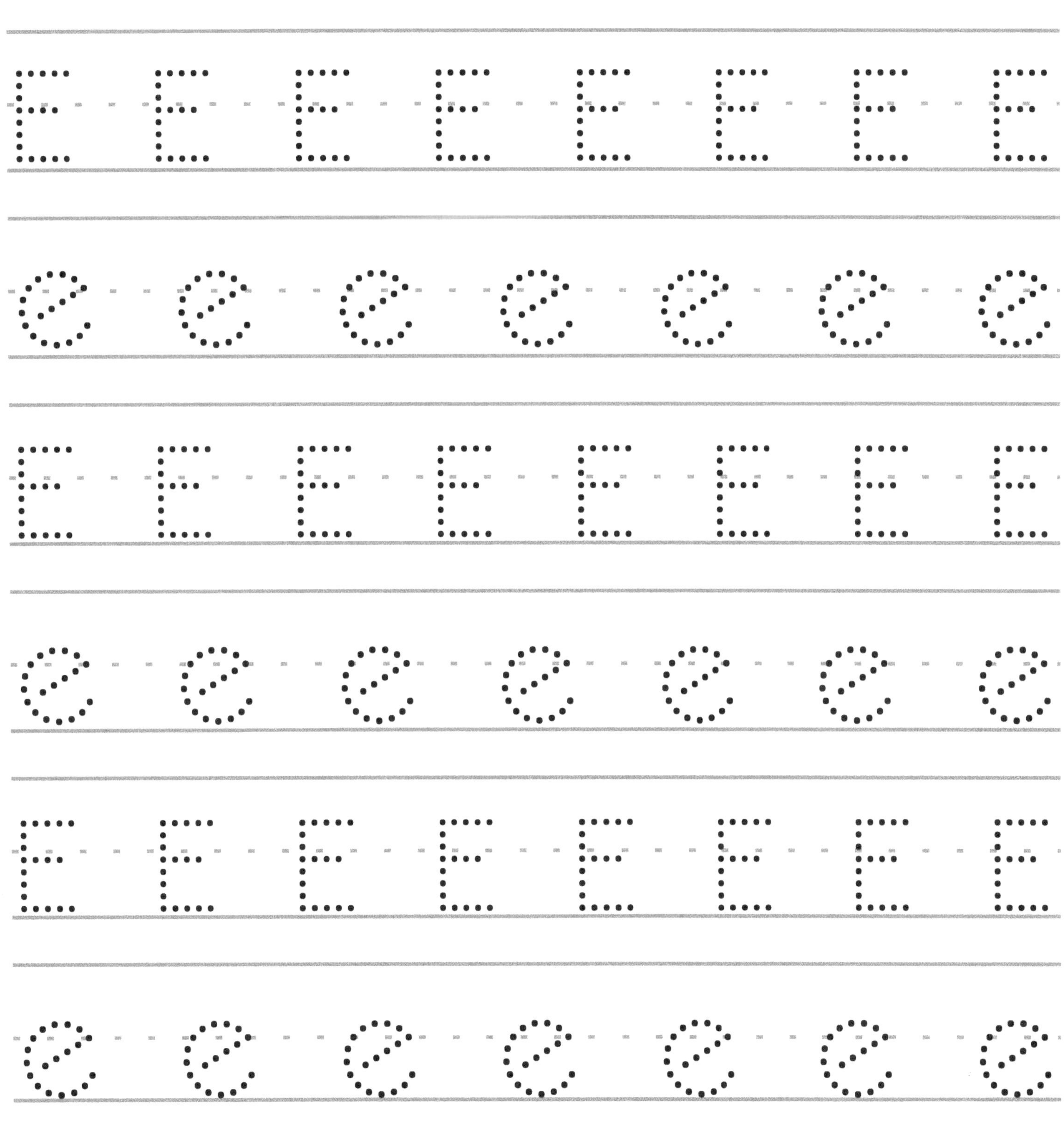

A B C D E F G H I J K L M N O P Q R S T U V W X Y Z

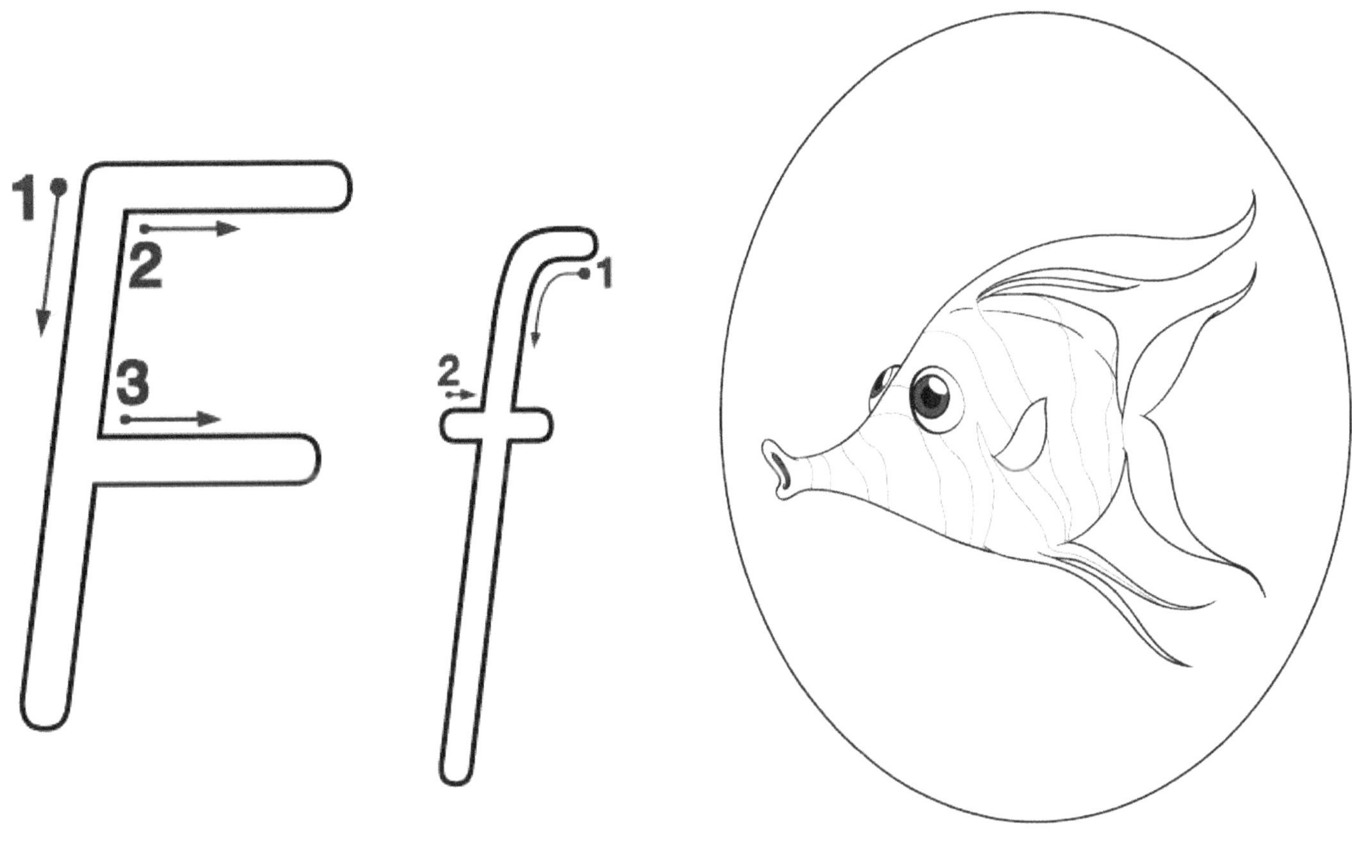

Fish

A F C D E F G H I J K L M N O P Q R S T U V W X Y Z

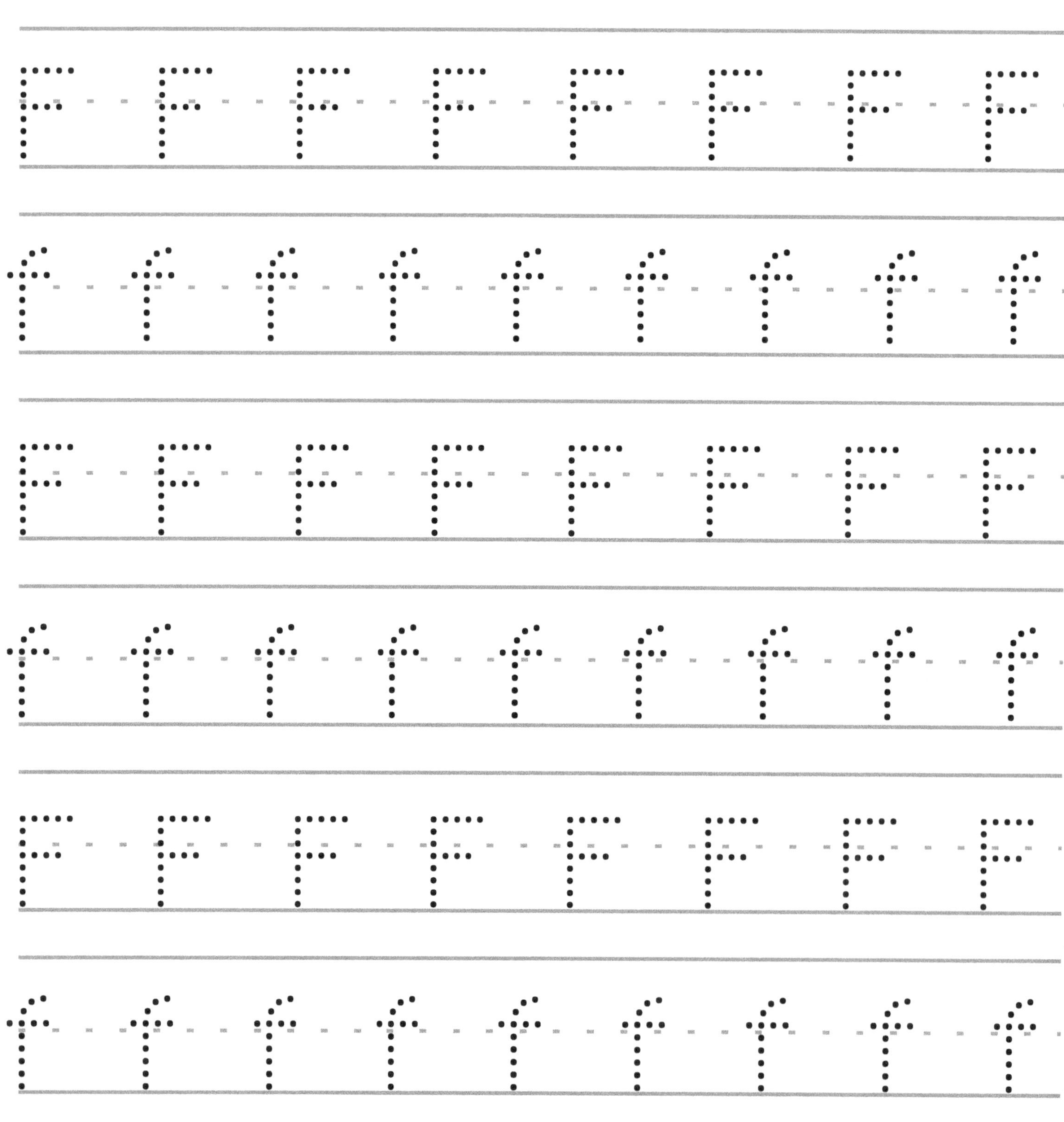

A B C D E F G H I J K L M N O P Q R S T U V W X Y Z

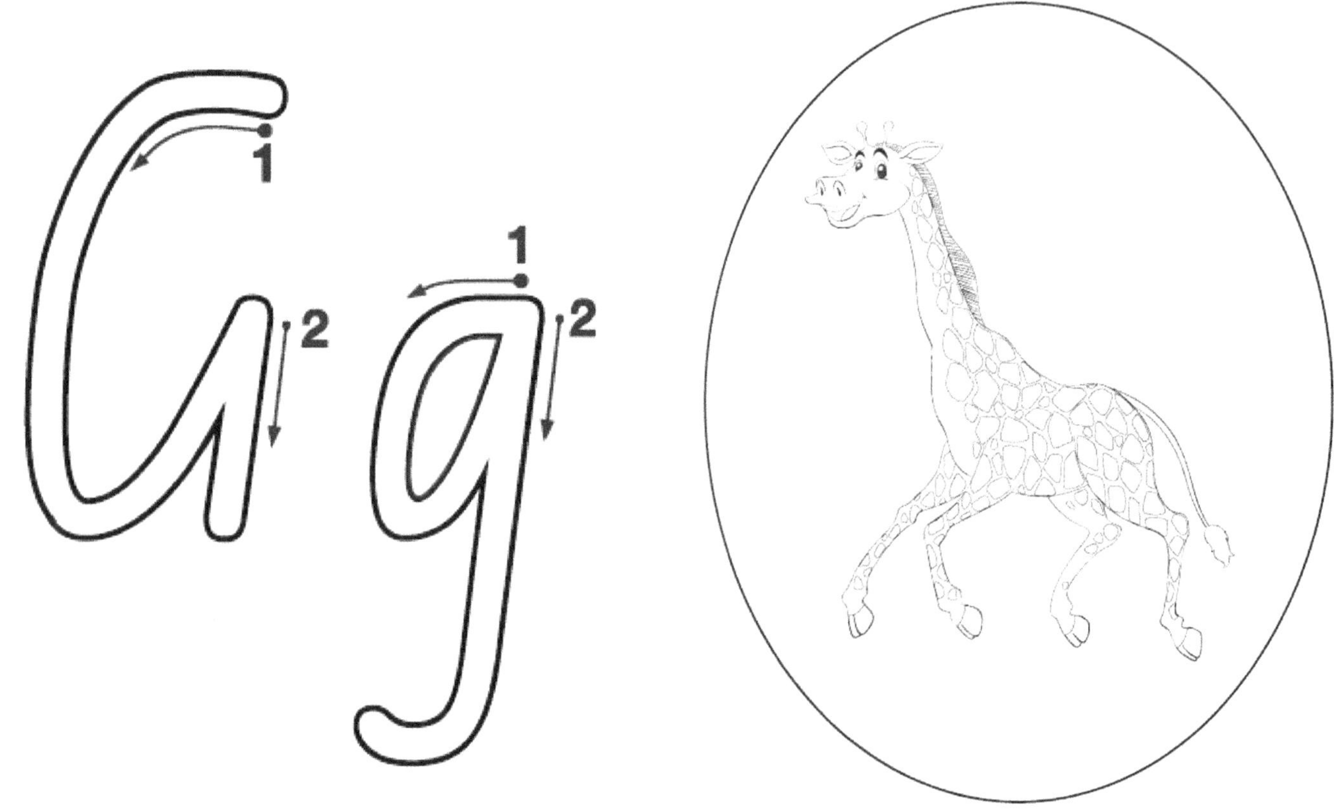

Giraffe

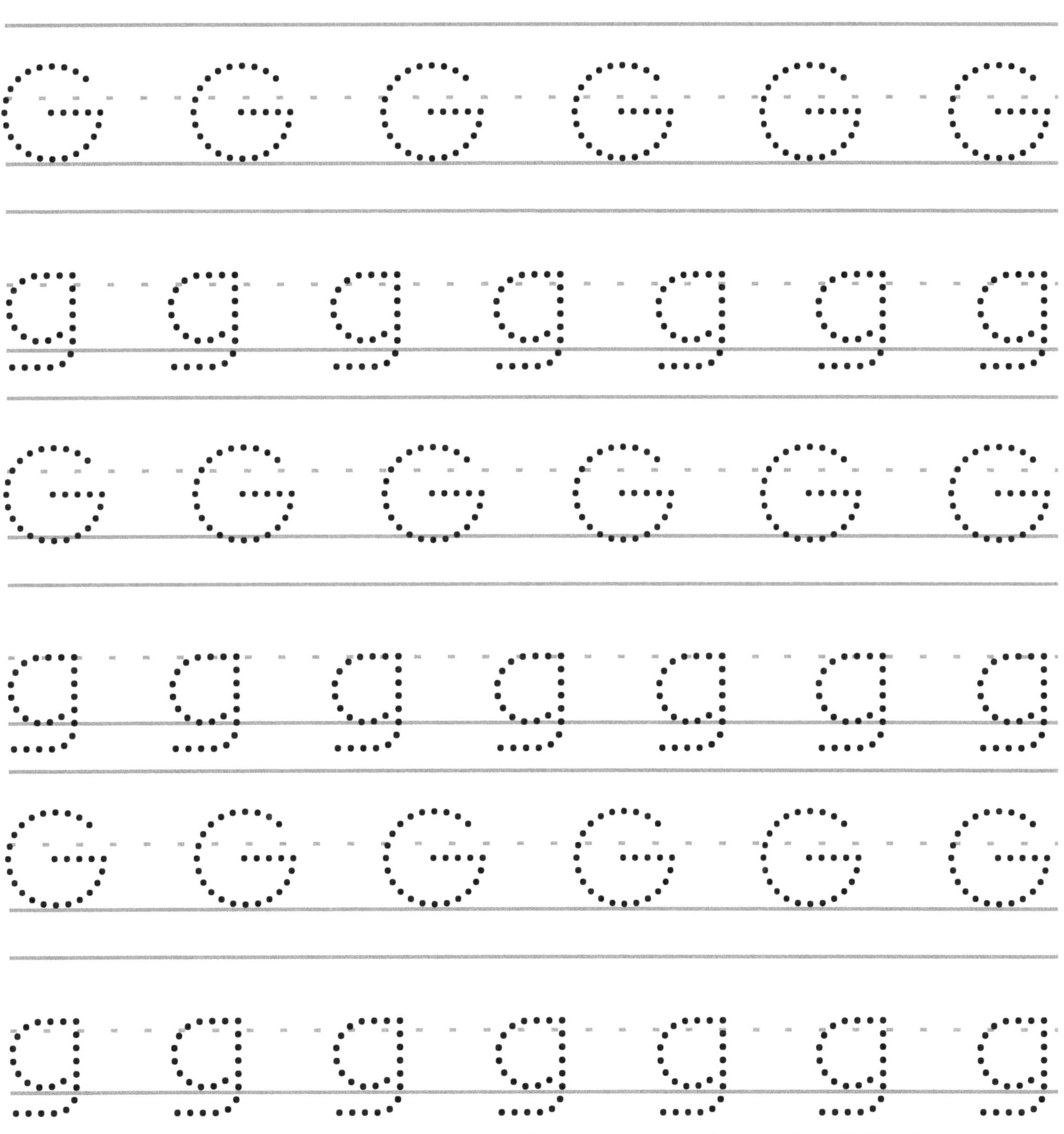

A B C D E F G H I J K L M N O P Q R S T U V W X Y Z

Hamster

Hamster   Hamster

H H H H H H H H

h h h h h h h h

A B C D E F G H I J K L M N O P Q R S T U V W X Y Z

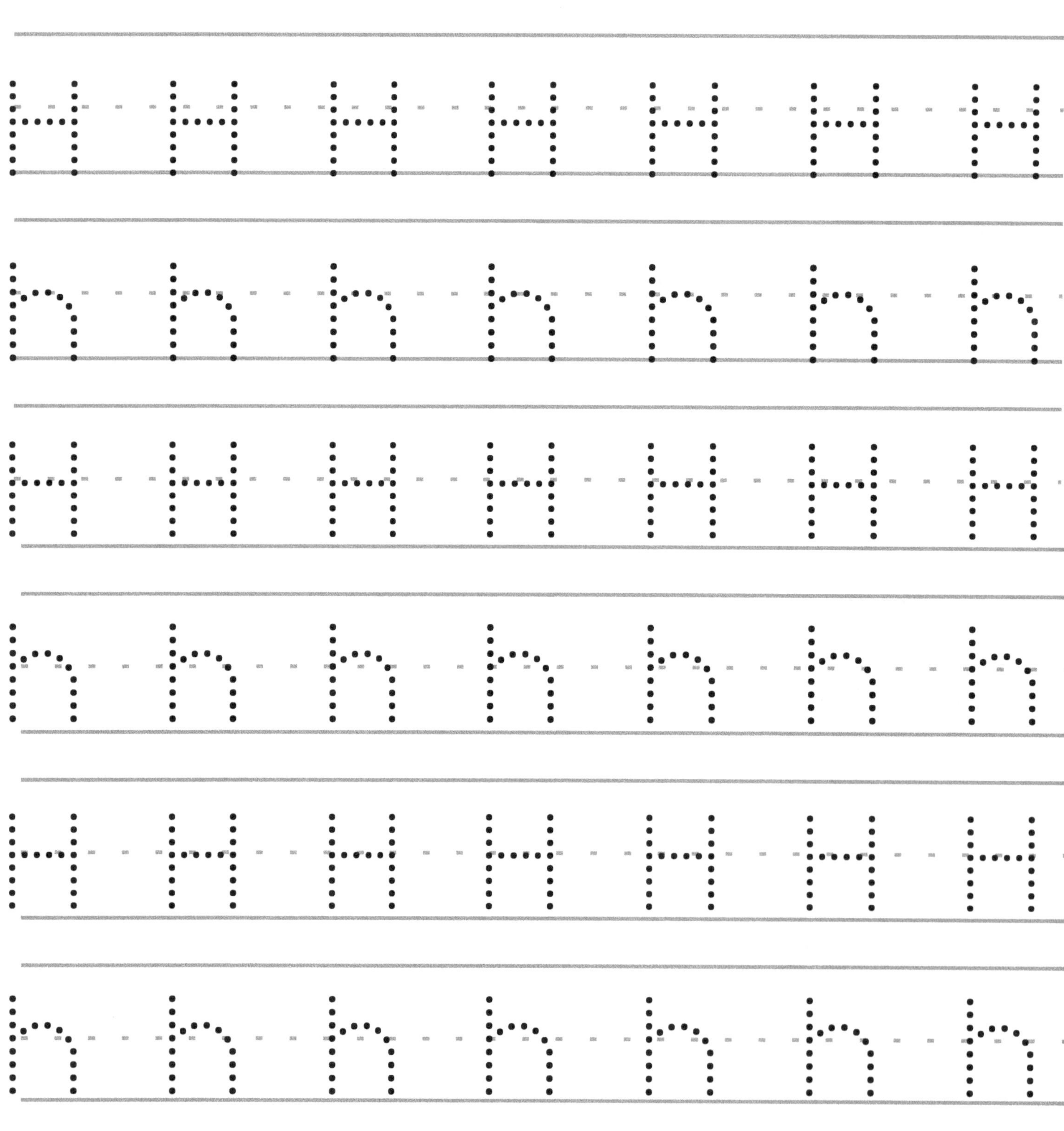

A B C D E F G H I J K L M N O P Q R S T U V W X Y Z

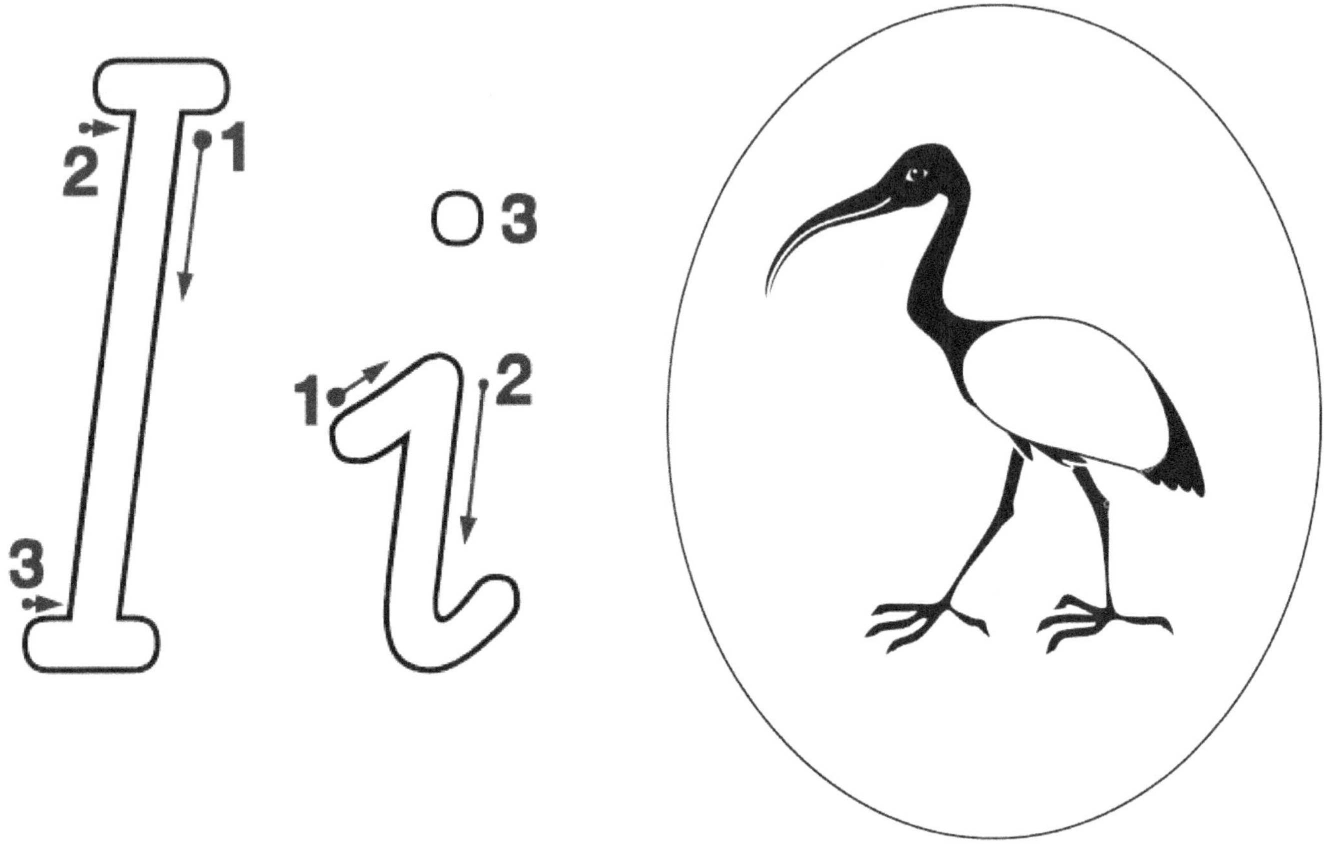

Ibis

A B C D E F G H I J K L M N O P Q R S T U V W X Y Z

A B C D E F G H I J K L M N O P Q R S T U V W X Y Z

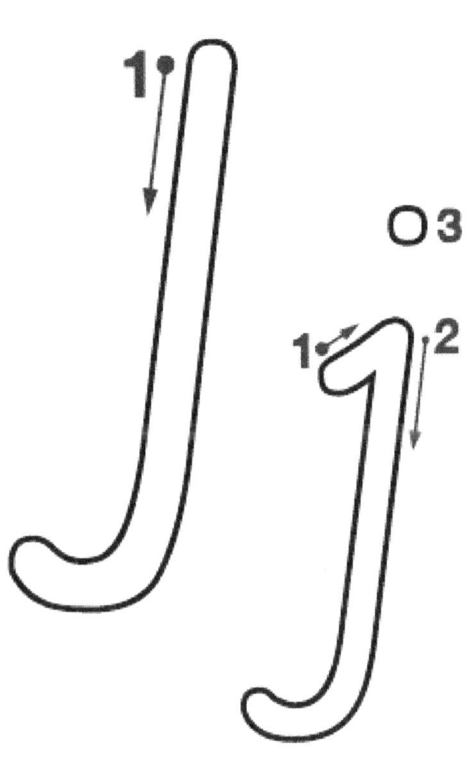

Jellyfish

A B C D E F G H I J K L M N O P Q R S T U V W X Y Z

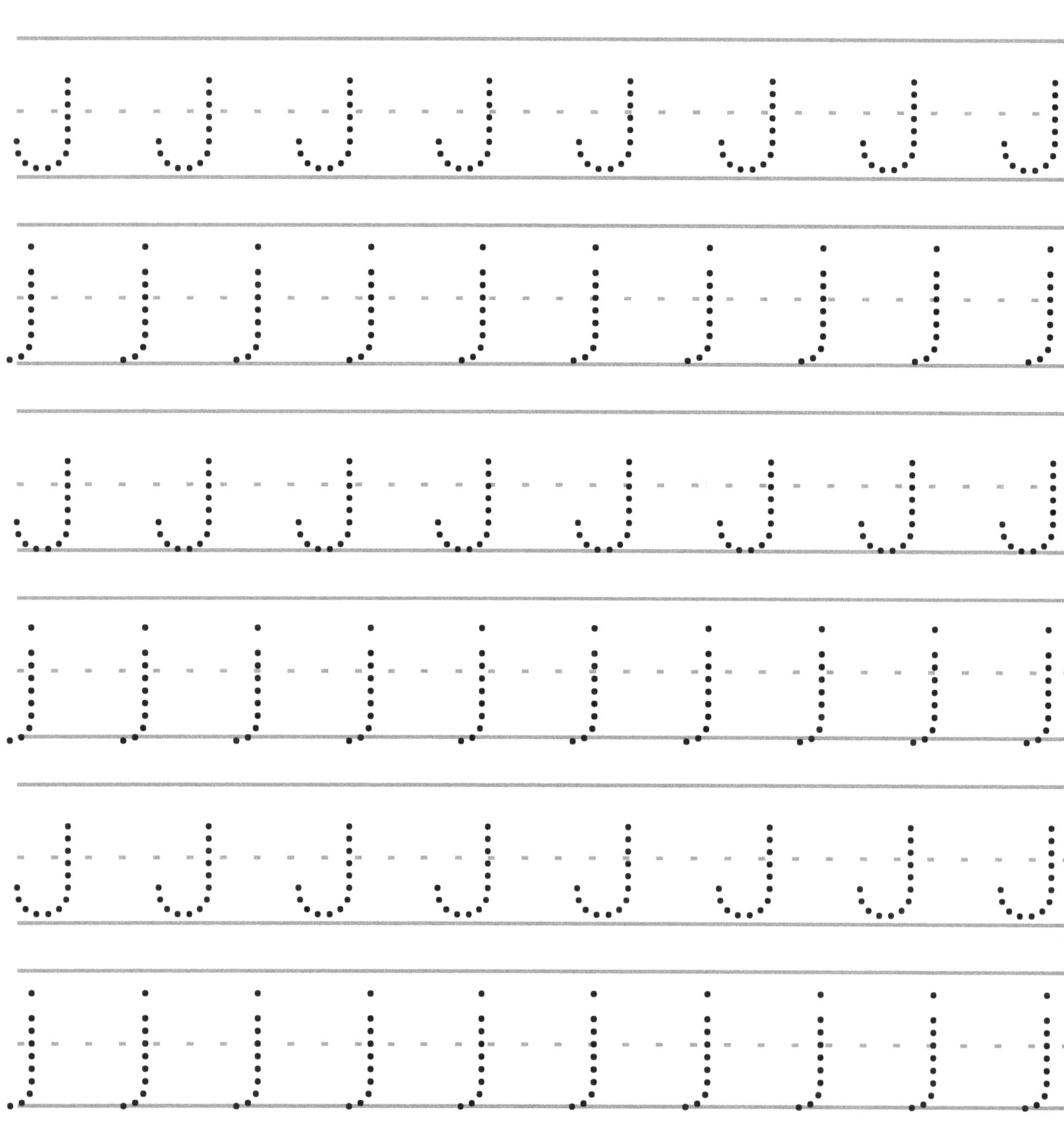

ABCDEFGHIJKLMNOPQRSTUVWXYZ

Kangaroo Kangaroo

K K K K K K K K

k k k k k k k k k

A B C D E F G H I J K L M N O P Q R S T U V W X Y Z

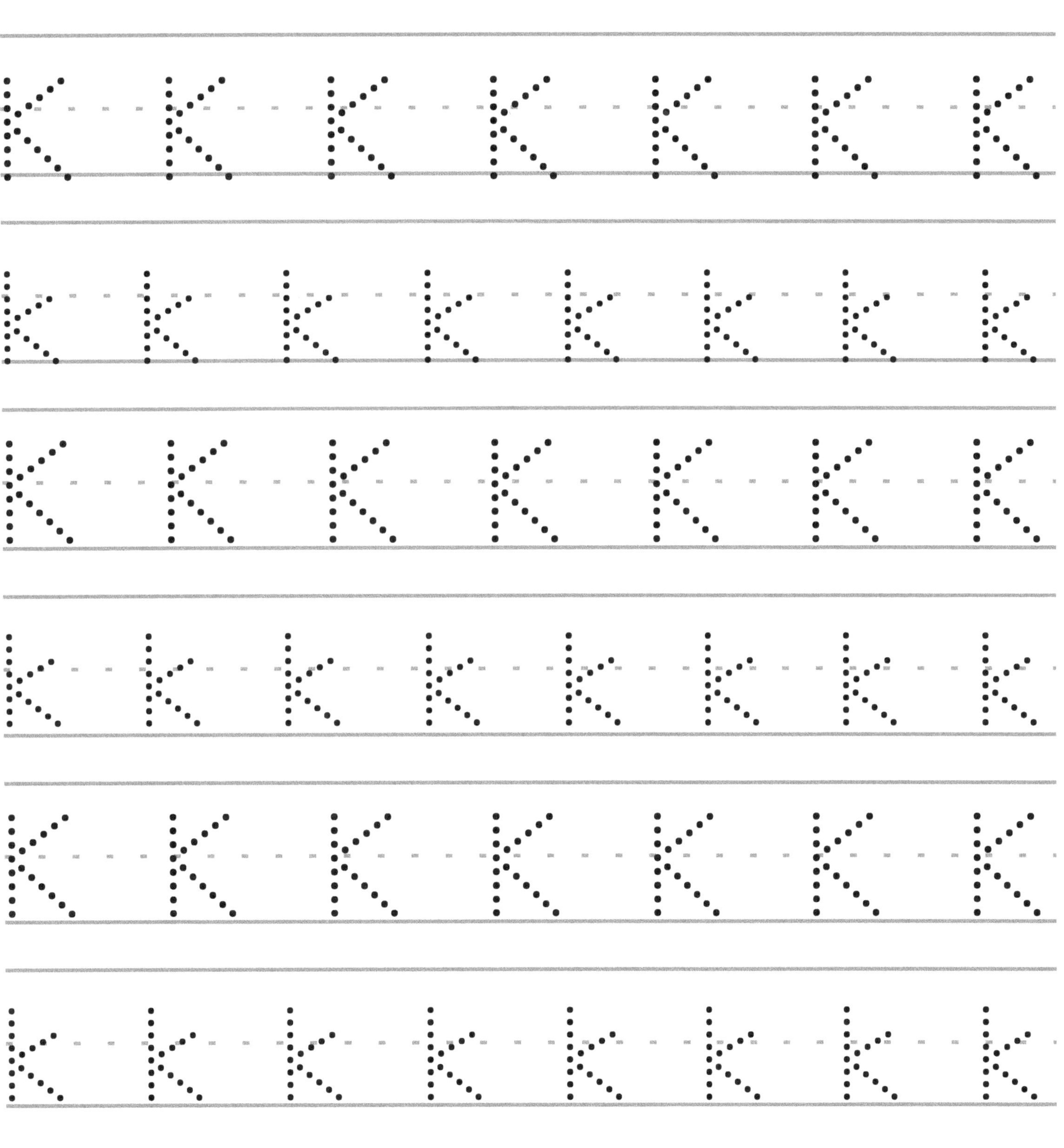

A B C D E F G H I J **K** L M N O P Q R S T U V W X Y Z

Lion

Lion ⋯ Lion ⋯ Lion

L L L L L L L

l l l l l l l l l l

A B C D E F G H I J K L M N O P Q R S T U V W X Y Z

ABCDEFGHIJKLMNOPQRSTUVWXYZ

Monkey

Monkey
Monkey

M M M M M M M M

m m m m m m m

ABCDEFGHIJKL M NOPQRSTUVWXYZ

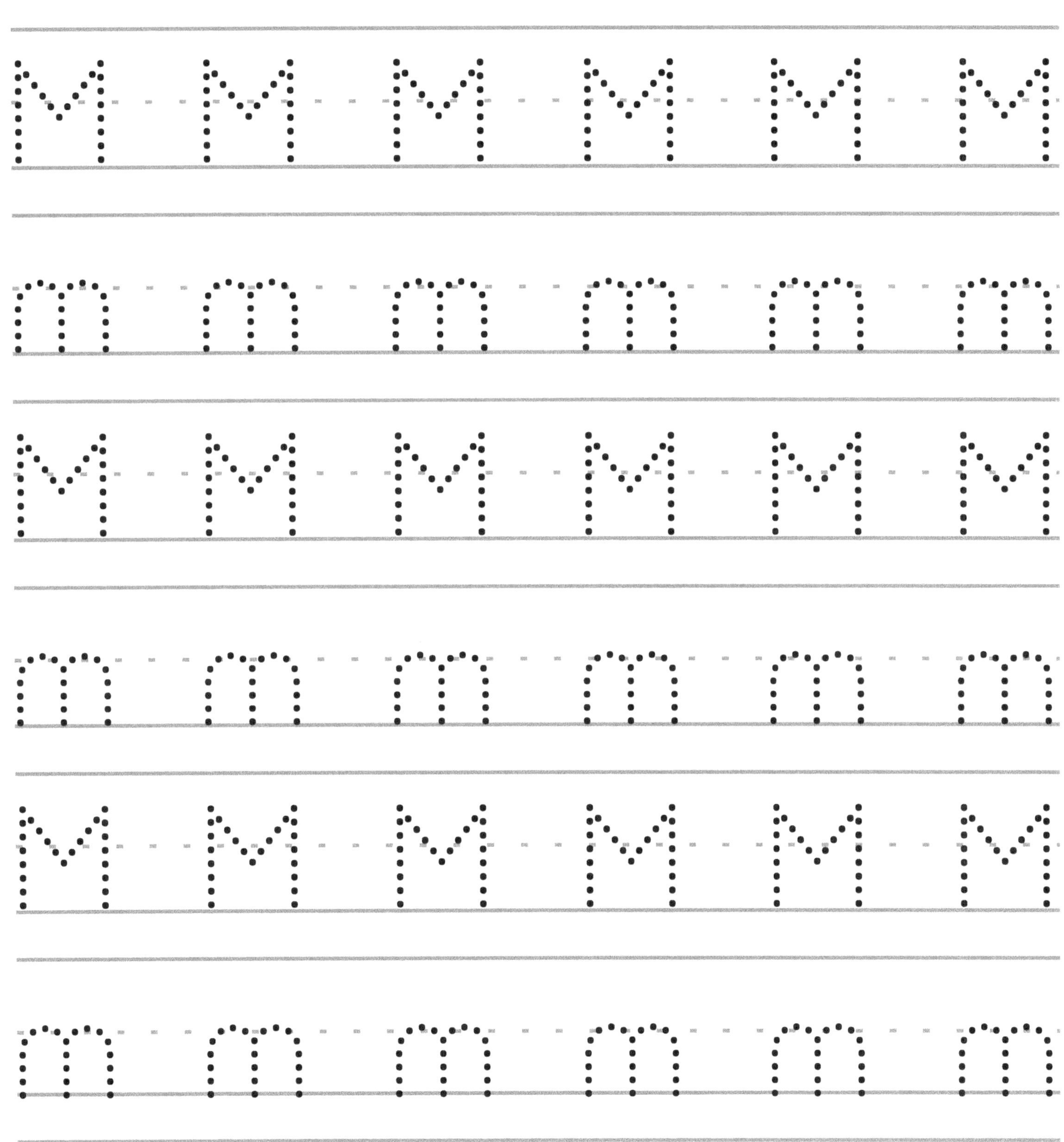

A B C D E F G H I J K L M N O P Q R S T U V W X Y Z

Numbat

Numbat

N N N N N N N N N N

n n n n n n n n n n

A B C D E F G H I J K L M N O P Q R S T U V W X Y Z

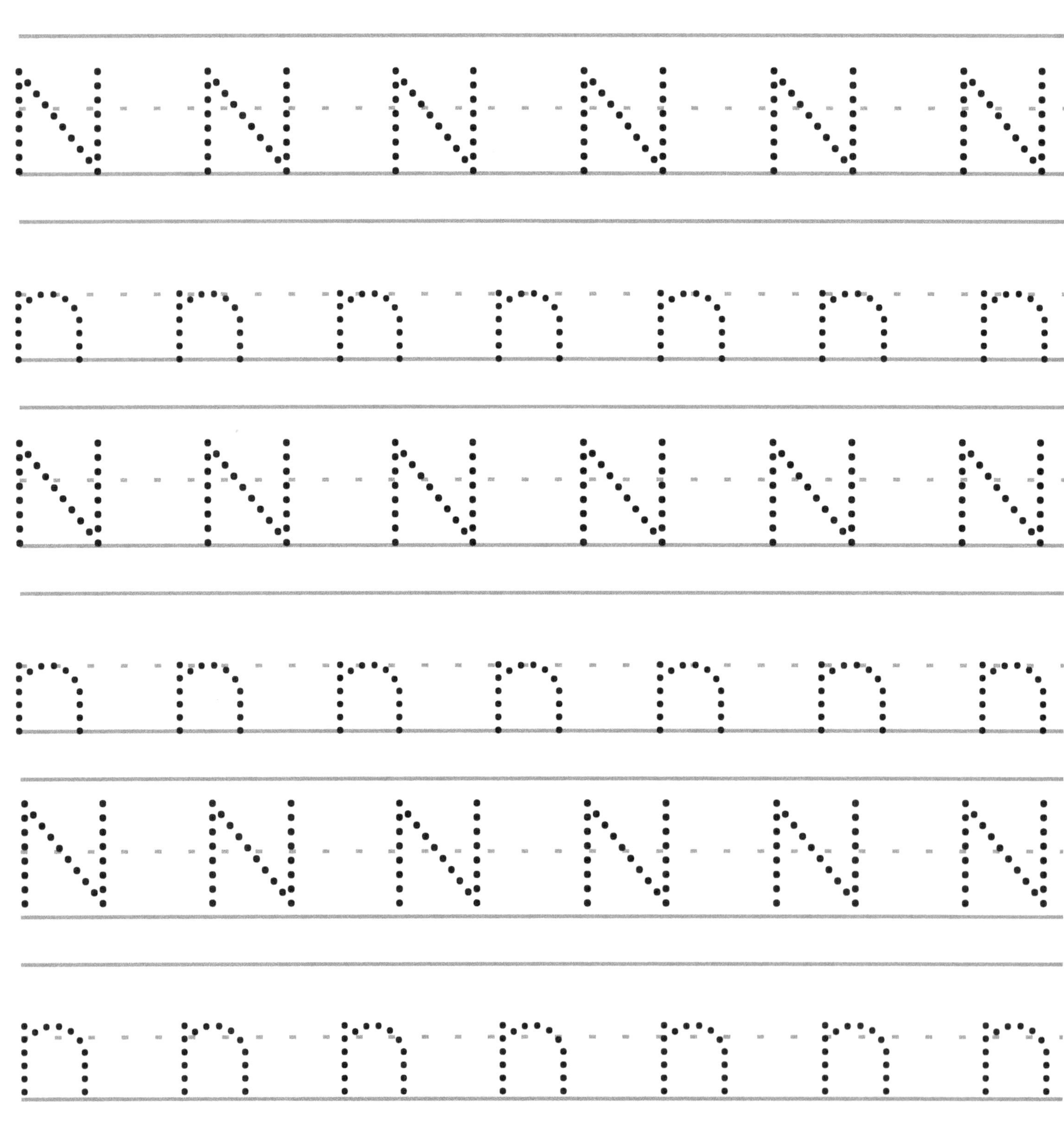

A B C D E F G H I J K L M N O P Q R S T U V W X Y Z

Owl

Owl ⬤Owl ⬤Owl

A B C D E F G H I J K L M N Ⓞ P Q R S T U V W X Y Z

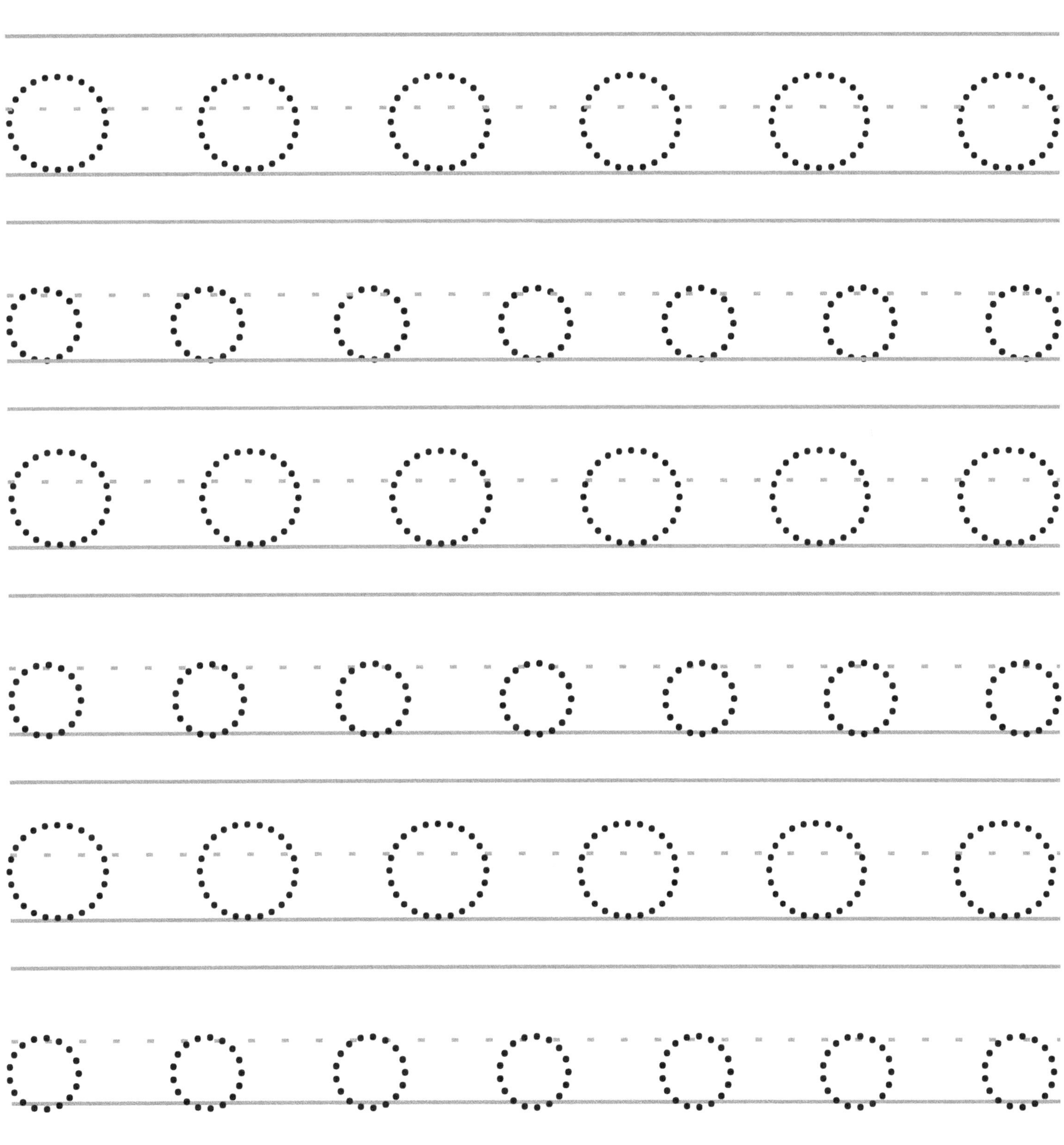

A B C D E F G H I J K L M N ◎ P Q R S T U V W X Y Z

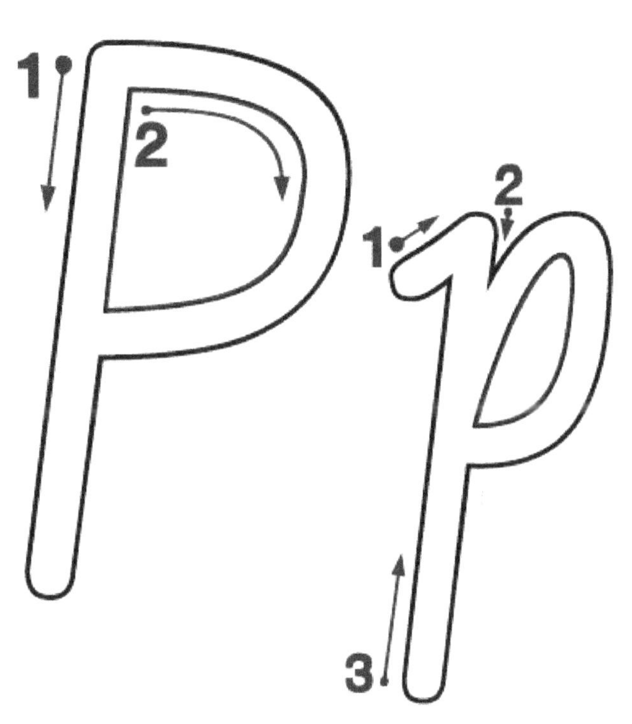

Pig Pig Pig Pig

P P P P P P P

p p p p p p p

A B C D E F G H I J K L M N O P Q R S T U V W X Y Z

A B C D E F G H I J K L M N O P Q R S T U V W X Y Z

Quail

Quail Quail Quail

A B C D E F G H I J K L M N O P Q R S T U V W X Y Z

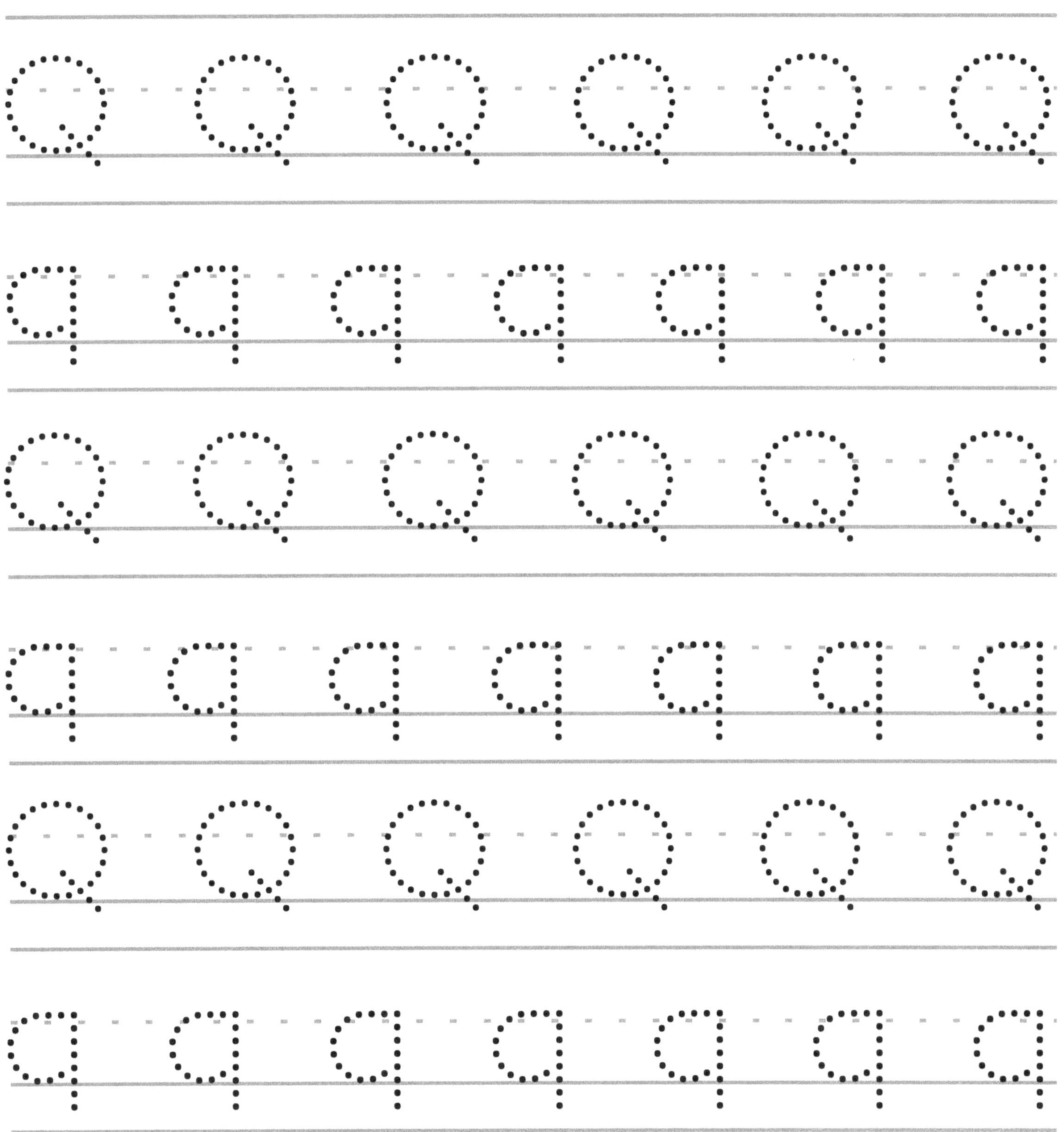

A B C D E F G H I J K L M N O P Q R S T U V W X Y Z

Rabbit Rabbit

R R R R R R R

r r r r r r r r

A B C D E F G H I J K L M N O P Q R S T U V W X Y Z

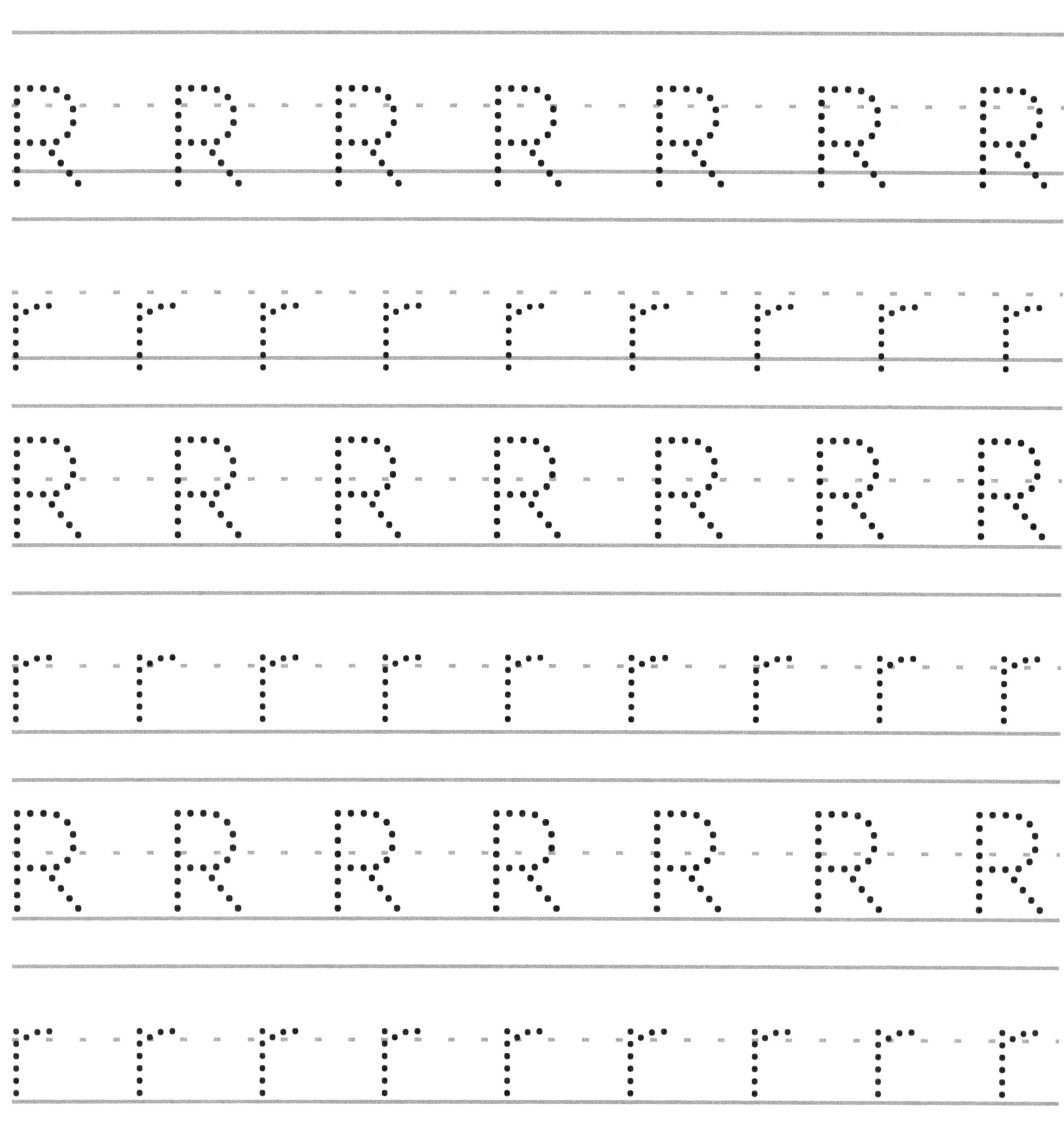

A B C D E F G H I J K L M N O P Q R S T U V W X Y Z

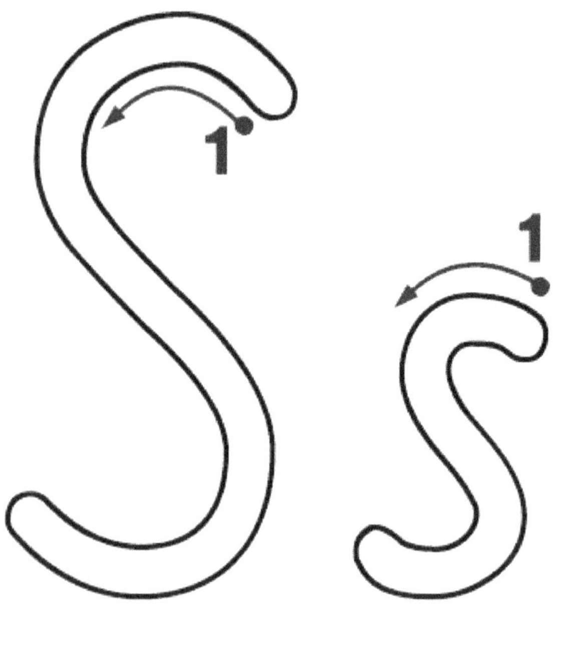

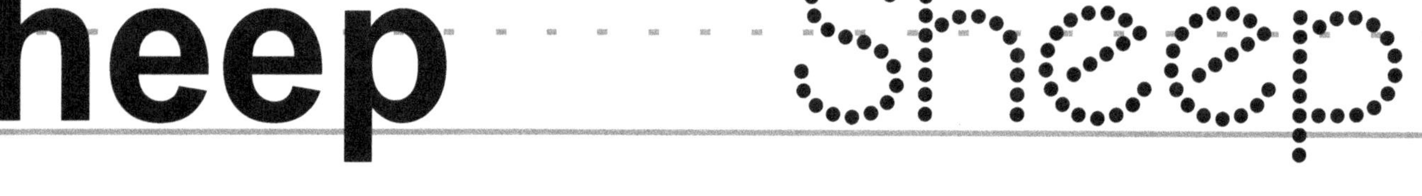

Sheep   Sheep

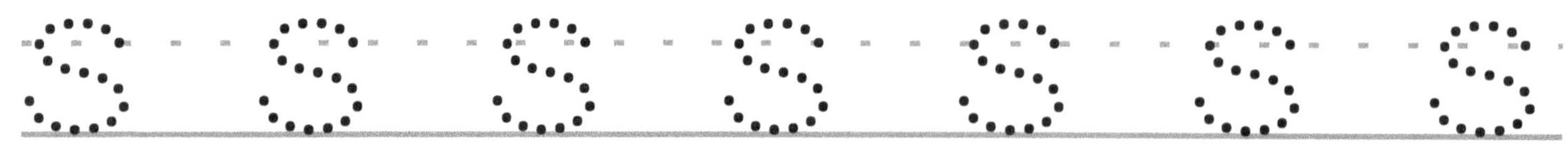

A B C D E F G H I J K L M N O P Q R S T U V W X Y Z

A B C D E F G H I J K L M N O P Q R S T U V W X Y Z

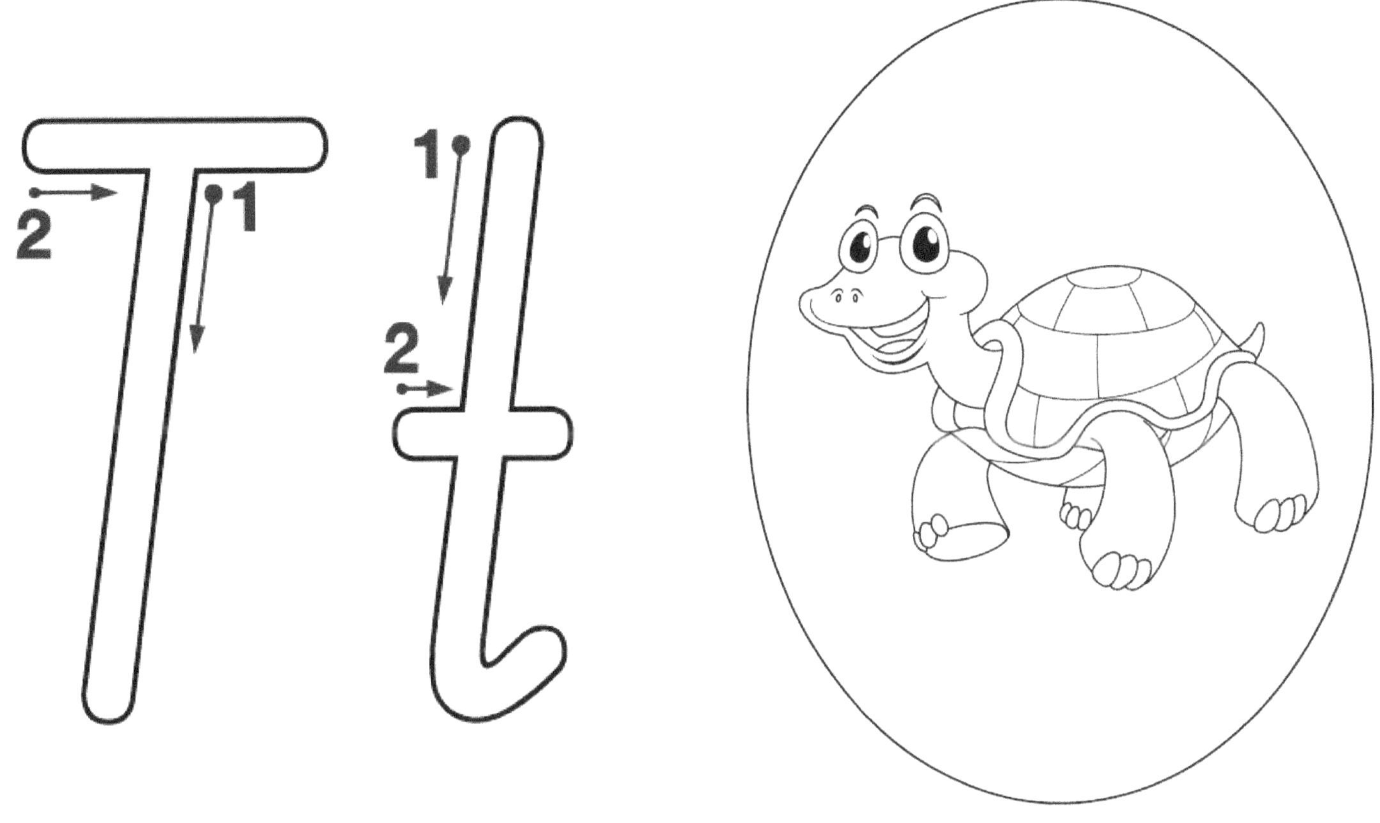

Tortoise

Tortoise Tortoise

T T T T T T

t t t t t t t t

A B C D E F G H I J K L M N O P Q R S T U V W X Y Z

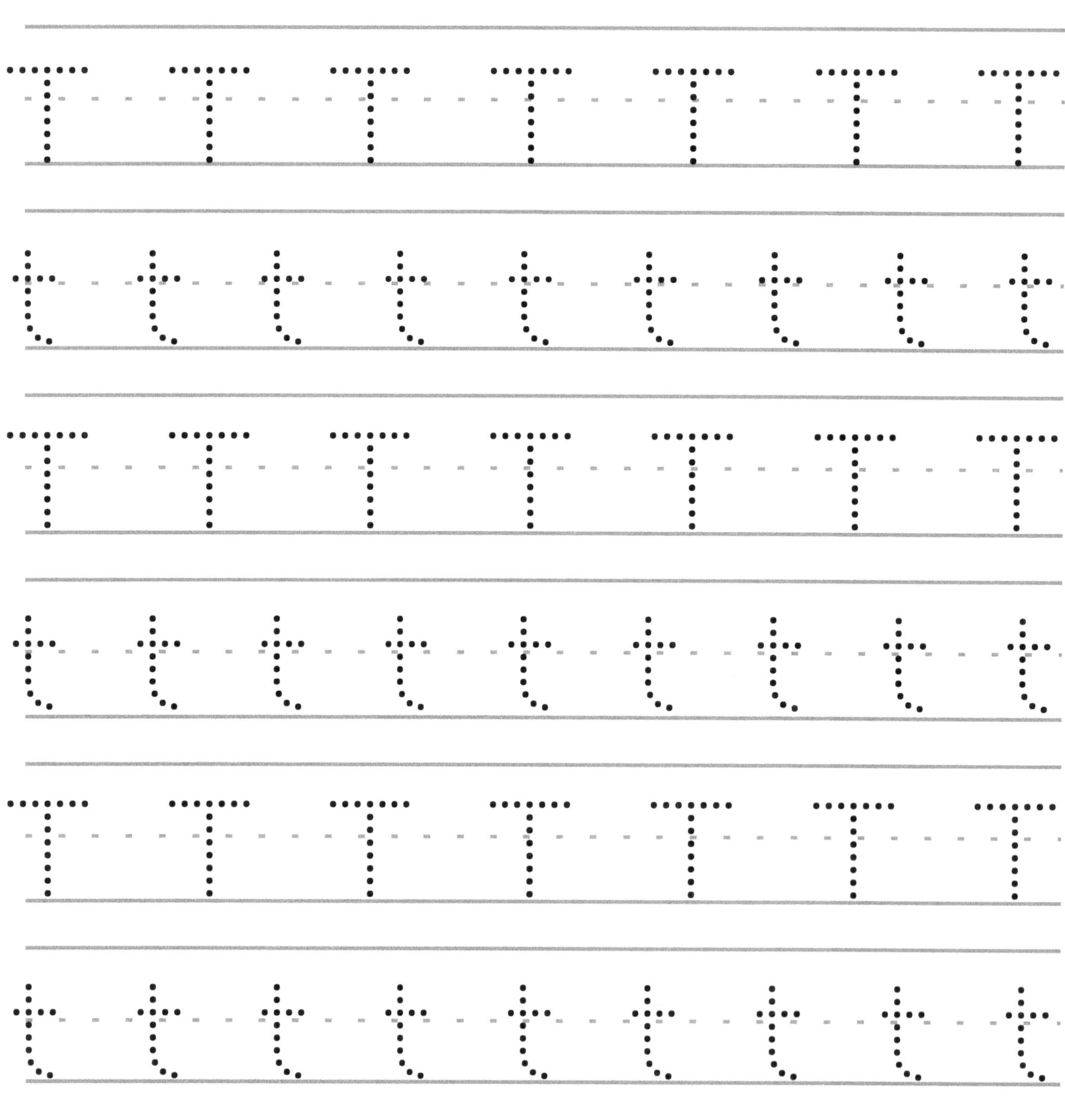

ABCDEFGHIJKLMNOPQRSTUVWXYZ

Unicorn

A B C D E F G H I J K L M N O P Q R S T Ⓤ V W X Y Z

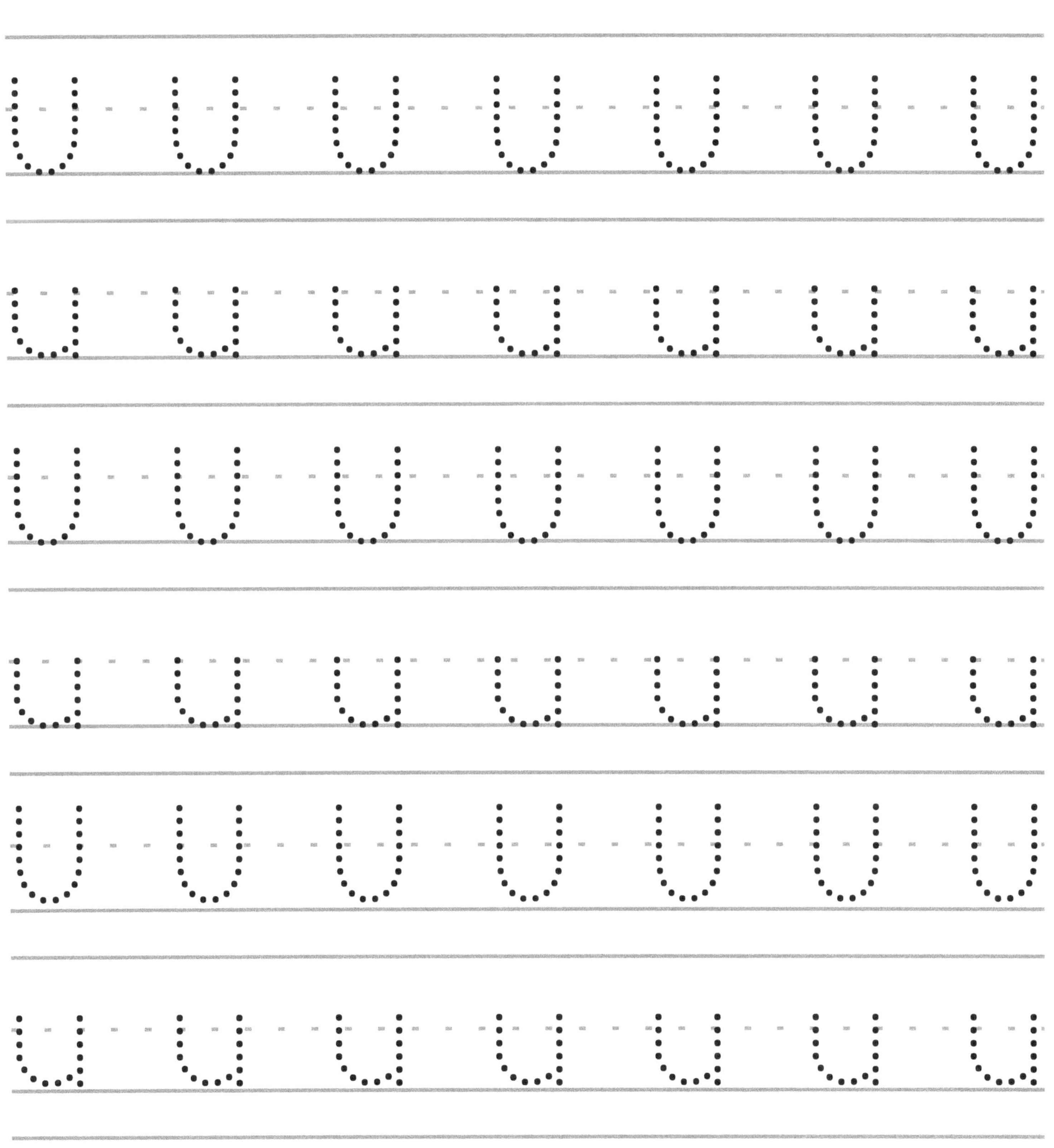

A B C D E F G H I J K L M N O P Q R S T U V W X Y Z

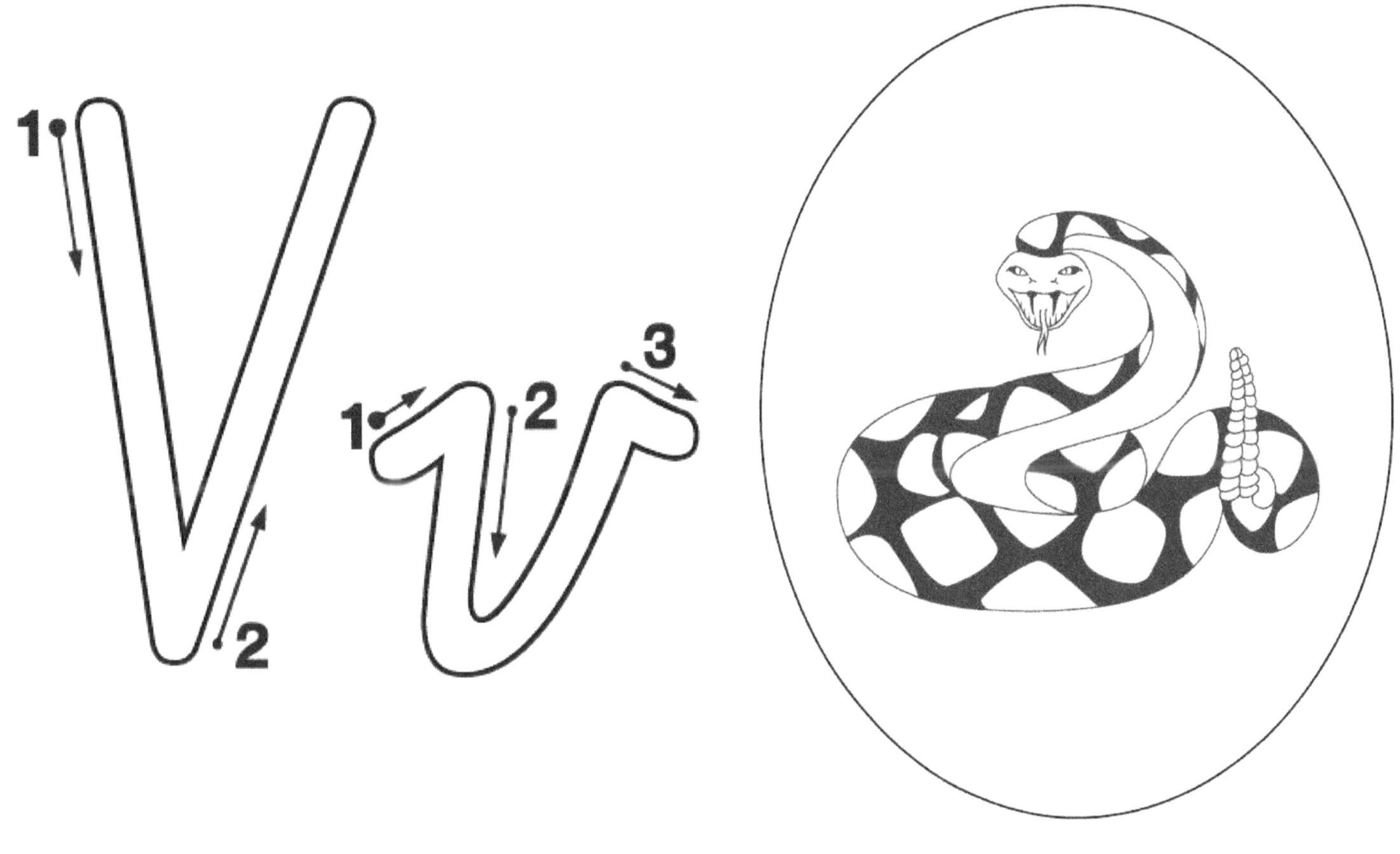

Viper

A B C D E F G H I J K L M N O P Q R S T U Ⓥ W X Y Z

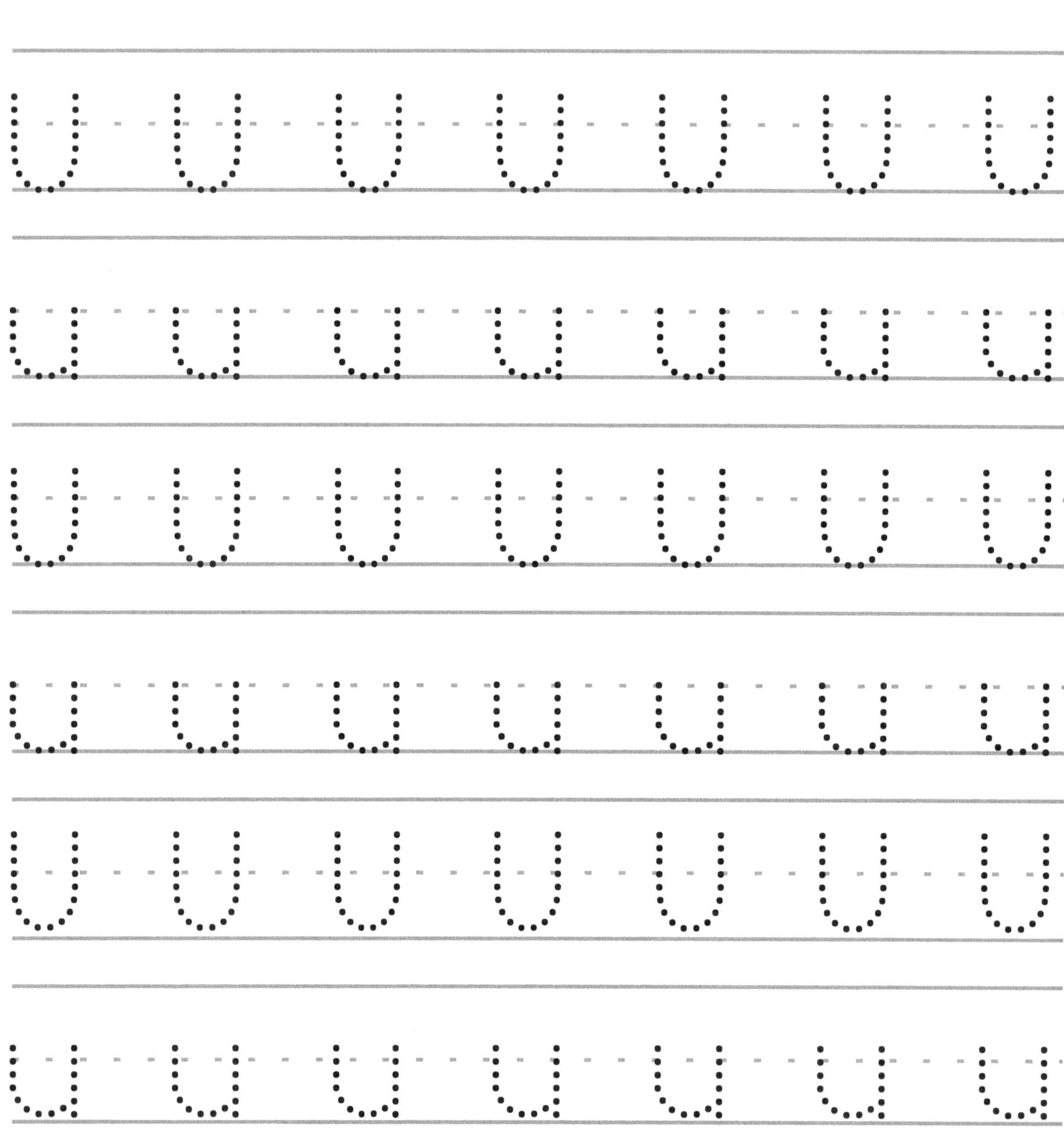

ABCDEFGHIJKLMNOPQRSTU∨WXYZ

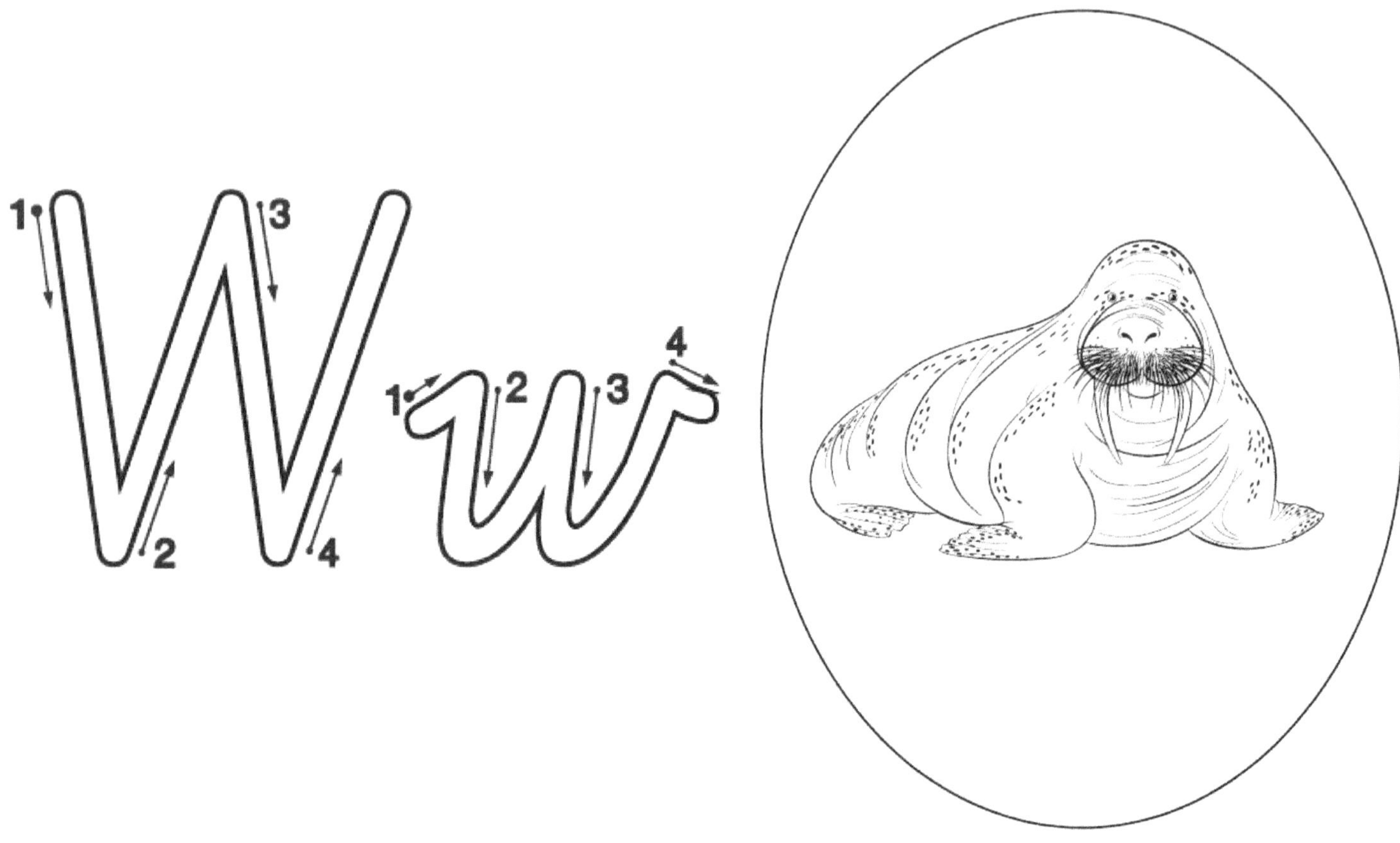

Walrus

A B C D E F G H I J K L M N O P Q R S T U V W X Y Z

A B C D E F G H I J K L M N O P Q R S T U V W X Y Z

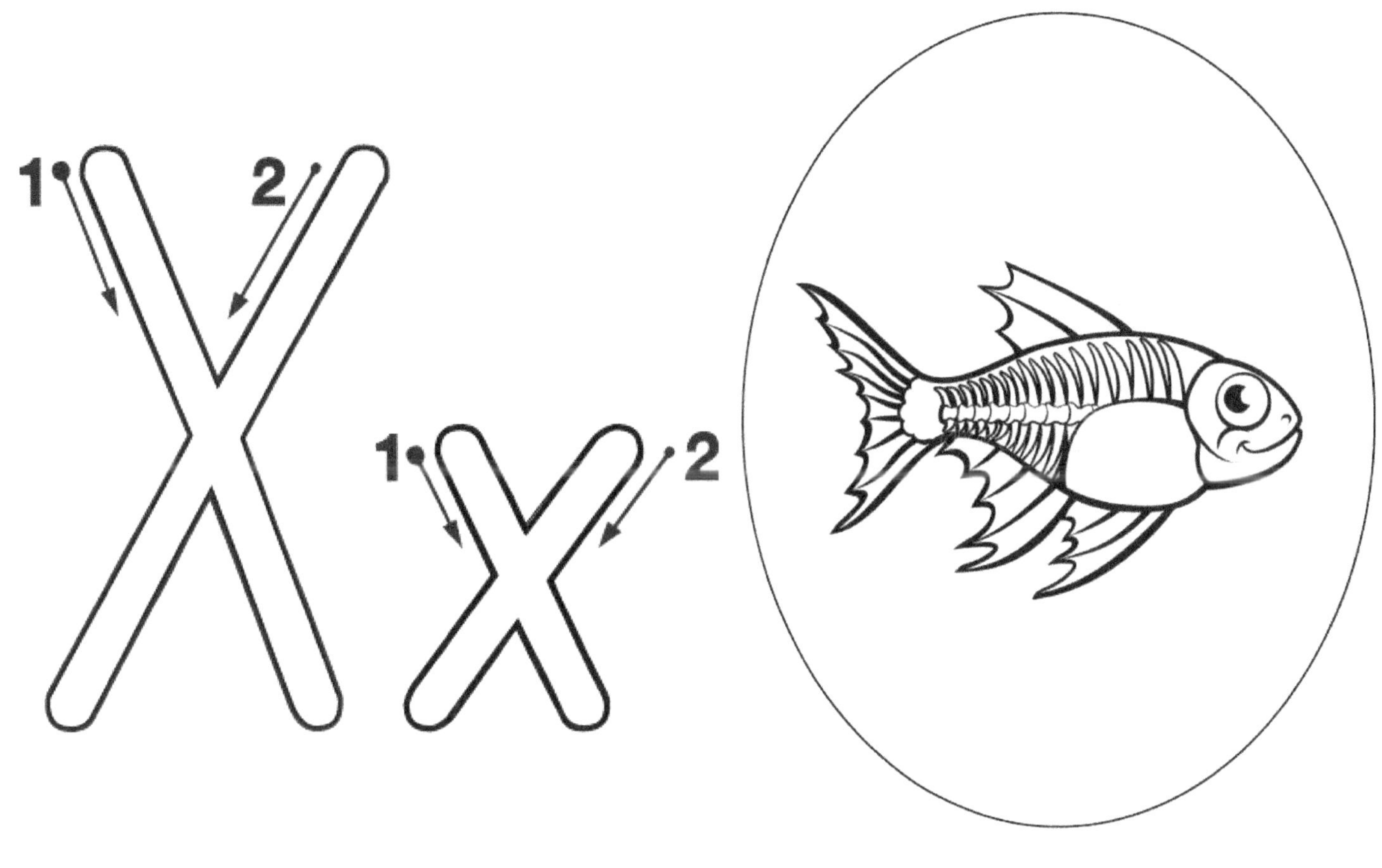

X-Ray Tetra

A B C D E F G H I J K L M N O P Q R S T U V W X Y Z

Yak Yak Yak

Y Y Y Y Y Y

y y y y y y

A B C D E F G H I J K L M N O P Q R S T U V W X Y Z

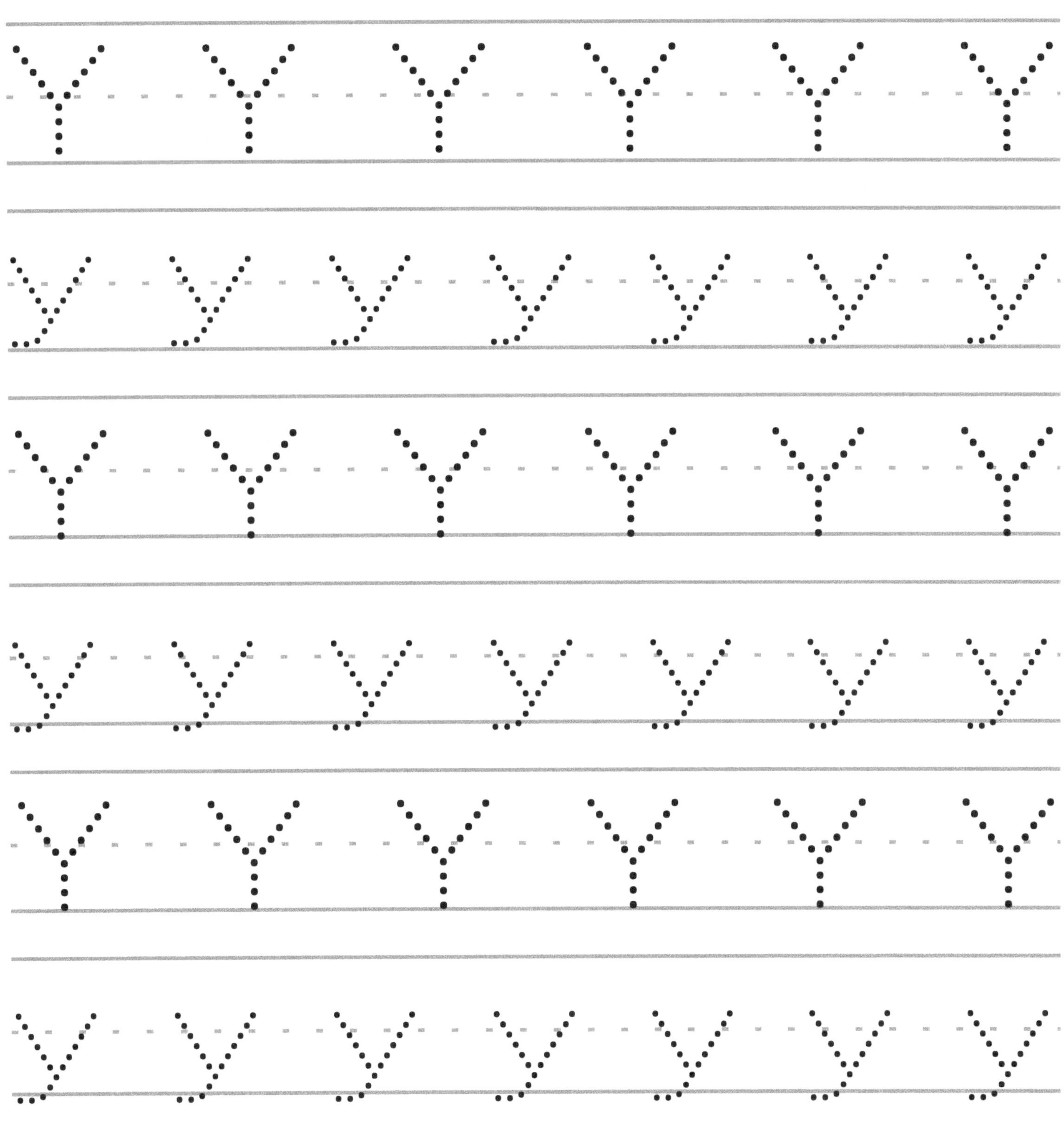

A B C D E F G H I J K L M N O P Q R S T U V W X Y Z

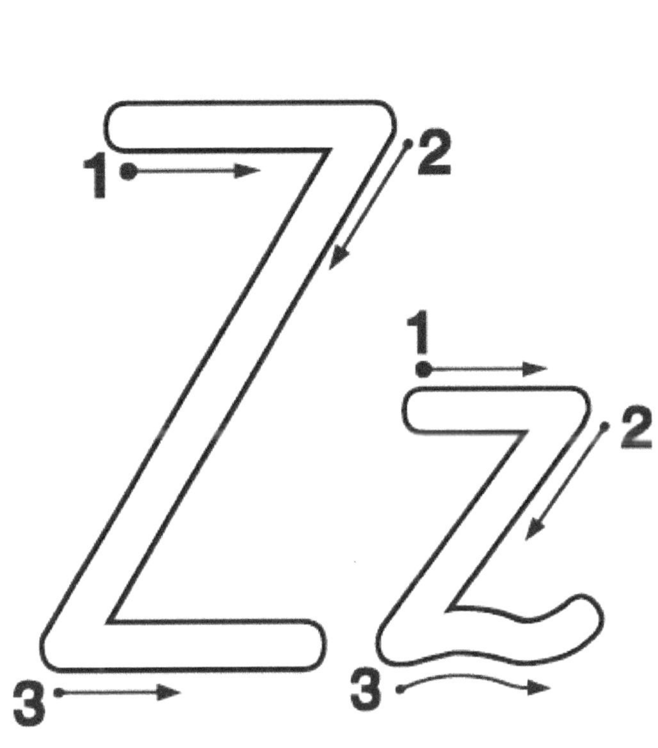

Zebra

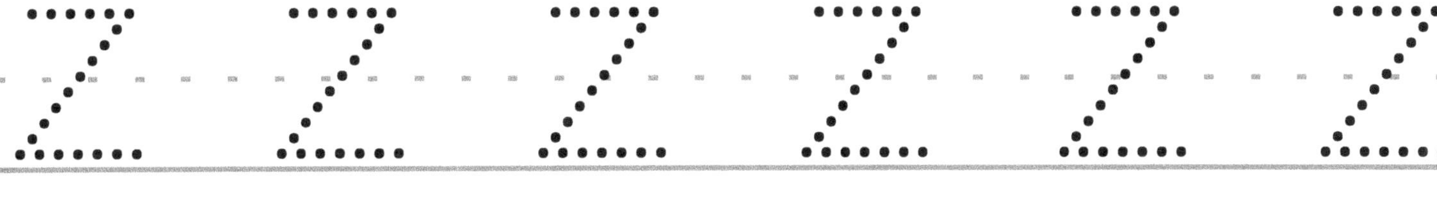

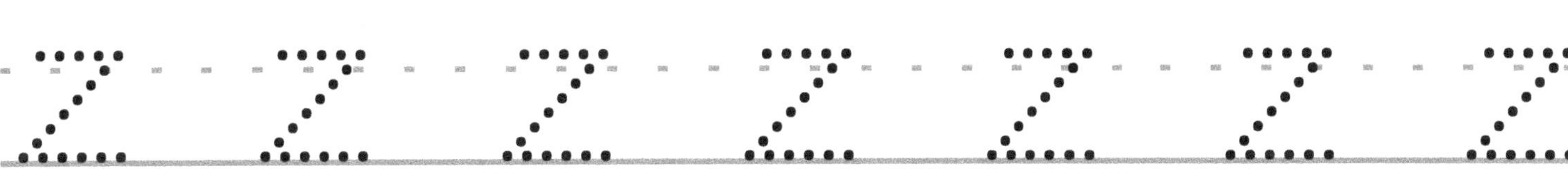

A B C D E F G H I J K L M N O P Q R S T U V W X Y Z

A B C D E F G H I J K L M N O P Q R S T U V W X Y Z